AF287490

Anfordringsgaranti og Standby Remburs – en introduktion

Trade Finance Serien

Af samme forfatter:

UCP 600 Transport Documents (2012)
Remburs – en introduktion (Trade Finance Serien) (2012)
From Beginning to Beginning – Trade Finance Articles from 2003 to 2011 (2012)

Under navnet Kim Christensen:

Svimmelhedstid, poesi (2006)

I arbejdet med denne bog skylder jeg uendelig tak
til min fantastiske hustru Ketty Sindberg og Jens Hammer
for gode kommentarer, input og korrekturlæsning.

Kim Sindberg

Anfordringsgaranti og Standby Remburs
- en introduktion

Trade Finance Serien

© 2013 Kim Sindberg
www.kimsindberg.dk - www.remburs.com
Omslagsbillede: Ketty Sindberg
Forlag: Books on Demand GmbH, København, Danmark
Fremstilling: Books on Demand GmbH, Norderstedt, Tyskland
ISBN 978-87-7114-548-9

Om Kim Sindberg

Kim Sindberg er uafhængig Trade Finance konsulent, med 18 års erfaring fra Nordea Trade Finance - primært som faglig ekspert inden for Trade Finance området. Inden tiden hos Nordea arbejdede han som speditør og arrangerede søtransporter til og fra Fjern- og Mellemøsten.

Medlemsskaber:

Formand for "ICC Denmark Trade Finance Forum"
Medlem af "ICC Commission on Banking Technique and Practice" (Bank kommissionen)
Medlem af "ISBP Drafting Group"
Medlem af "IIBLP European Advisory Council"
Medlem af "IIBLP Council on International Standby Practices"

Tidsskrifter:

"Editor in Chief" for det elektroniske nyhedsbrev "Trade Services Update"
Sammen med Ravi Mehta skabte han rembursportalen lcviews.com
Bidrager regelmæssigt til internationale tidsskrifter med kommentarer og artikler
Hans artikler er oversat til Vietnamesisk, Kinesisk og Tyrkisk

Andet:

Har sammen med Lakshmanan Sankaran udviklet Trade Finance App'en "Pocket Guide Series for International Trade"
DOCDEX Ekspert (DOCDEX står for Documentary Instruments Dispute Resolution Expertise, og styres af ICC International Centre for Expertise)
Merkonom i transport

5

Indholdsfortegnelse

1 Introduktion

Denne bog giver en introduktion til anfordringsgarantier og standby remburser, så læseren hurtigt og let kan danne sig et overblik over disse instrumenter, deres grundprincipper og hvordan de virker. Hensigten er at give et nuanceret og brugbart billede, uden at gå for meget i detaljer.

Anfordringsgarantier og standby remburser kan udstedes i henhold til forskellige internationale regelsæt eller uden henvisning til regler. Denne bog tager udgangspunkt i to regelsæt henholdsvis:

- URDG 758 - ICC Uniform Rules for Demand Guarantees (garantireglerne)
- ISP98 – The International Standby Practices 1998 (standby-reglerne)

Læs mere om URDG 758 og ISP98 i kapitel 8 "Regler og praksis."

2 Introduktion til anfordringsgarantier og standby remburser

Når mennesker handler sammen – hvad enten det drejer sig om varer, ejendomme, værdipapirer eller andet – opstår der ofte et behov for, at en tredjepart stiller en garanti. Det kan f.eks. være en garanti, som sælger kan benytte, altså trække sin betaling under, hvis køber ikke betaler for de sendte varer som aftalt.

Denne "tredjepart" kan være forskellige parter, men i mange tilfælde er det en bank. Det vil sige, at banken udsteder en garanti på foranledning af en ordregiver med det formål at dække ordregivers forpligtelse. Banken garanterer at betale et beløb til garantiens beneficiant. Banken garanterer *ikke* at færdiggøre projektet, eller hvad det måtte være garantien dækker.
Når en bank udsteder en garanti, har banken en risiko på ordregiver, fordi banken kan blive forpligtet til at betale under garantien. Også i det tilfælde at ordregiver er gået konkurs.

Udsteder af garantier kan, som nævnt, være andre end banker, men denne bog fokuserer på de garantier, der er udstedt af banker.

Som det fremgår, omhandler bogen både anfordringsgarantier og standby remburser. Det er samme type instrument, der ofte udstedes i forskellig form, og er underlagt forskellige regelsæt. Der er historiske grunde til, at der i dag findes to forskellige garanti instrumenter, der dækker samme formål. Standby rembursen blev opfundet i USA på et tidspunkt, hvor bankerne ikke måtte udstede garantier. Standby rembursen er baseret på den kommercielle remburs[1]. En standby remburs er en garanti i rembursform. Anfordringsgarantien benyttes i hele verden, mens standby rembursen primært benyttes, hvor transaktionen har en relation til USA. F.eks. hvor én af parterne bor i USA.

Når der i denne bog benyttes ordet "garanti," henvises der til både anfordringsgarantier og standby remburser. I nogle tilfælde bliver de beskrevet hver for sig. I de tilfælde vil de blive benævnt henholdsvis "anfordringsgaranti" og "standby remburs."

Ordet "garanti" kommer fra oldfransk "garir," der betyder "beskytte. "På engelsk hedder garanti "guarantee," men ordet "bond" benyttes også.
Man kan møde forskellige forkortelser for garanti. F.eks. L/G (Letter of Guarantee).

Ordet remburs (tidligere "rembours") kommer af det franske *rembourser,* der betyder at betale tilbage. *"Rembourser"* kommer så igen af *"re-"* og *"embourser,"* der betyder at inkassere. Det er altså et instrument, der giver beneficianten mulighed for at inkassere et beløb. At det er en *standby* remburs, betyder, at den "står klar," hvis der går noget galt. Det er således ikke meningen, at der skal trækkes under en standby remburs. Det skal der kun, hvis ordregiver misligholder aftalen.
Man kan også møde forskellige forkortelser for standby remburs. F.eks. SBLC (Standby Letter of Credit).

3 Hvad er en garanti?

Som sådan er en garanti et simpelt instrument: En part garanterer at betale et vist beløb, forudsat der præsenteres et krav, der er i henhold til garantiens betingelser. Der er dog en række elementer, man skal være opmærksom på, når man arbejder med garantier. Selv om garantien er uafhængig af den underliggende transaktion, er formålet at understøtte denne. Derfor er det vigtigt, at garantien tydeligt beskriver, hvad den dækker. Derudover er mange garantitekster udarbejdet af jurister, hvilket ofte gør den enkelte garantitekst kompleks. For det tredje findes der ikke én standard, så der er meget stor forskel på udformningen og strukturen af garantitekster.

3.1 Hvad er en anfordringsgaranti

Under en anfordringsgaranti er garanten forpligtet til at betale, når der fremsættes et garantisvarende krav, altså når der præsenteres de dokumenter, som anfordringsgarantien kræver. Dette inkludere normalt en erklæring om misligholdelse.

En anden type garanti, som ikke er beskrevet i denne bog, er garantier med rets-klausul, hvor garanten afventer enten et forlig mellem parterne eller en retslig afgørelse, før der udbetales under garantien.

3.2 Hvad er en standby remburs

En standby remburs er en garanti i form af en remburs. Modsat den kommercielle remburs er det hensigten, at betaling sker uden om rembursen, og at der kun skal foretages en præsentation under standby rembursen i tilfælde af kontraktbrud eller misligholdelse.

En standby remburs benytter samme struktur som en kommerciel remburs. F.eks. kan den bekræftes af en anden part end udsteder; en bekræftende part. Læs mere om den bekræftende part i kapitel 4.2.2.2 "Bekræftende part (Confirmer)."

3.3 Hvorfor benytte garanti?

Når to parter har besluttet sig for at handle sammen, opstår der en række spørgsmål: Hvordan skal betalingen foregå? Og hvornår? Hvilken sikkerhed er der behov for? Og for hvem? Er der behov for finansiering? Og hvor lang tid?

Alt afhængig af svarerne på disse spørgsmål, findes der muligheder/instrumenter, der på forskellig vis kan hjælpe med til at afvikle handlen. Hver med sine fordele og ulemper – for hver af parterne. Et af disse instrumenter er en garanti, der kan benyttes alene eller (som det ofte er tilfældet) i sammenhæng med andre garantier – eller med en remburs. Garantier kan understøtte forskellige faser i en handel, og kan udstedes på vegne af begge parter i handlen. Læs mere om de forskellige garantityper i kapitel 7.

3.4 Hvordan virker en anfordringsgaranti?

En anfordringsgaranti kan udstedes på to forskellige måder. Enten som en direkte anfordringsgaranti eller som en indirekte anfordringsgaranti.

3.4.1 Direkte anfordringsgaranti

En direkte anfordringsgaranti udstedes af garanten direkte til garantiens beneficiant (evt. via en adviserende part). I dette tilfælde skal et eventuelt krav fremsættes direkte overfor garanten.

Figur 1 herunder (side 13) viser hvordan en direkte anfordringsgaranti virker.

Linje 1 - Aftale mellem ordregiver og beneficiant
Denne linje illustrerer den kommercielle aftale. Denne aftale er formelt ikke en del af anfordringsgarantien, men er det fundament, den er baseret på.
Den kommercielle aftale er vigtig i denne sammenhæng, fordi det er på dette tidspunkt, ordregiver og beneficiant bør aftale anfordringsgarantiens indhold.

Linje 2 - Parter
Denne linje illustrerer parterne i transaktionen. Læs mere om parterne i kapitel 4 " Hvem er parterne i anfordringsgarantier og standby rembursér?"

12

Figur 1. Direkte anfordringsgaranti

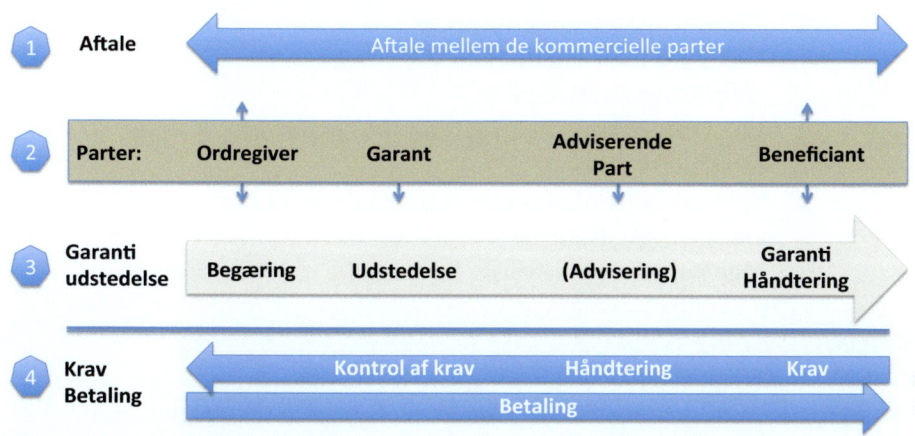

Linje 3 – Udstedelse
Denne linje illustrerer anfordringsgarantiens udstedelse. Der er 4 faser i udstedelsen:

1. Begæring
   Anfordringsgarantien initieres af ordregiver, der sender en begæring til garanten (typisk en bank). Begæringen har to grundlæggende formål:
   a. Den udgør aftalen mellem ordregiver og garant.
      I denne fase foregår der en bevillingsproces, idet garanten ved udstedelse af anfordringsgarantien tager en risiko på ordregiver. Garanten er forpligtet til at betale, hvis der stilles et garantisvarende krav, også selv om ordregiver i mellemtiden er gået konkurs.
   b. Den giver garanten de oplysninger, der er nødvendige, for at kunne udstede anfordringsgarantien. Garantireglerne anbefaler, at begæringen indeholder følgende informationer[2]:
      i. Ordregiver
      ii. Beneficiant
      iii. Garant
      iv. Referencenummer der identificerer den underliggende aftale

13

v. Referencenummer der identificerer den udstedte anfordringsgaranti
vi. Beløb og valuta
vii. Anfordringsgarantiens udløb
viii. Vilkår for hvordan der kan stilles krav under anfordringsgarantien
ix. Hvorvidt et krav skal præsenteres i papirform og /eller elektronisk form
x. Sproget i de dokumenter som er krævet under anfordringsgarantien
xi. Den part der er ansvarlig for betaling af omkostninger

2. Udstedelse
Med basis i begæringen bliver anfordringsgarantien udstedt, og sendt *enten* til den adviserende part, med instruktion om at advisere den til beneficianten *eller* direkte til beneficianten. Anfordringsgarantien kan udstedes på forskellige måder. F.eks. som et brev udstedt til beneficianten eller via S.W.I.F.T.[3] til den adviserende part.

3. Advisering
I de tilfælde hvor anfordringsgarantien sendes til beneficianten via en adviserende part, sender den adviserende part anfordringsgarantien videre til beneficianten. Adviseringen forpligter ikke den adviserende part, men denne skal forsikre sig om, at anfordringsgarantien er ægte, og at adviseringen nøjagtigt afspejler betingelserne i anfordringsgarantien[4].
Se også kapitel 4.1.2.2 "Adviserende part (Advising party)."

4. Beneficiantens håndtering af anfordringsgarantien
Efter at have modtaget anfordringsgarantien, bør beneficianten læse den grundigt igennem for at sikre sig, at det vil være muligt at opfylde dens krav og betingelser i tilfælde af, at der skal stilles krav under anfordringsgarantien.

Linje 4 - Krav og betaling
Denne linje er kun aktuel, hvis der stilles krav under anfordringsgarantien.

Krav og betaling er forklaret sammen, da det er kravet, der udløser betaling.

14

Kravet kan enten være i form af fysiske dokumenter, men også elektroniske hvis dette tillades i anfordringsgarantien.

I mange tilfælde sendes kravet fra beneficianten til garanten via den adviserende part. Den adviserende part videresender herefter kravet til garanten, som kontrollerer kravet, og såfremt det er garantisvarende, trækker beløbet fra ordregiver, og betale beneficianten via den adviserende part.

Hvis kravet *ikke* er garantisvarende, er garanten ikke forpligtet til at betale. Hvis dette er tilfældet, kan garanten kontakte ordregiver, og spørge om de er indstillet på at betale, på trods af de fundne uoverensstemmelser[5]. Når der stilles krav under en anfordringsgaranti, er det en indikation om, at der er et problem parterne imellem. Derfor vil ordregiver sjældent betale, hvis kravet ikke er garantisvarende.

3.4.2 Indirekte anfordringsgaranti
Under en indirekte anfordringsgaranti modtager beneficianten en anfordringsgaranti, hvor en part i dennes land er garant; typisk beneficiantens egen bank. Denne anfordringsgaranti er udstedt på basis af en modgaranti, der typisk er udstedt af ordregivers bank (mod-garanten). En indirekte anfordringsgaranti benyttes f.eks. i det tilfælde, hvor det er aftalt, at beneficianten skal modtage en anfordringsgaranti fra en lokal bank.
Et eventuelt krav skal fremsættes overfor garanten, altså under anfordringsgarantien udstedt af beneficiantens egen bank og ikke under modgarantien.

Figur 2 herunder (side 16) viser, hvordan en indirekte anfordringsgaranti virker.

Linje 1 - Aftale mellem ordregiver og beneficiant
Denne linje illustrerer den kommercielle aftale. Denne aftale er formelt ikke en del af anfordringsgarantien, men er det fundament, den er baseret på.
Den kommercielle aftale er vigtig i denne sammenhæng, fordi det er på dette tidspunkt, ordregiver og beneficiant bør aftale anfordringsgarantiens indhold.

Figur 2. Indirekte anfordringsgaranti

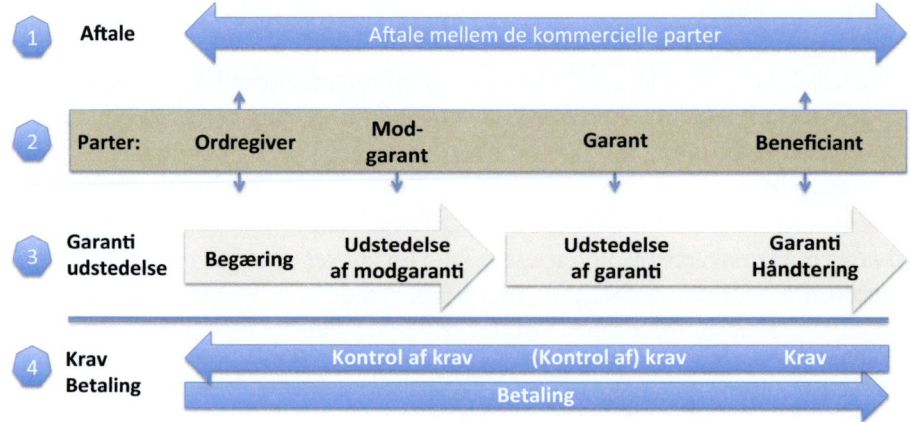

Linje 2 - Parter
Denne linje illustrerer parterne i transaktionen. Læs mere om parterne i kapitel 4 " Hvem er parterne i anfordringsgarantier og standby remburser?"

Linje 3 – Udstedelse
Denne linje illustrerer anfordringsgarantiens udstedelse. Der er 4 faser i udstedelsen:

1. Begæring
    Anfordringsgarantien initieres af ordregiver, der sender en begæring til mod-garanten (typisk en bank). Begæringen har to grundlæggende formål:
    a. Den udgør aftalen mellem ordregiver og mod-garanten.
        I denne fase foregår der en bevillingsproces, idet mod-garanten ved udstedelse af anfordringsgarantien tager en risiko på ordregiver. Mod-garanten er forpligtet til at betale, hvis der stilles et garantisvarende krav, også selv om ordregiver i mellemtiden er gået konkurs.
    b. Den giver mod-garanten de oplysninger, der er nødvendige, for at kunne udstede anfordringsgarantien. Garantireglerne anbefaler, at begæringen indeholder følgende informationer[2]:
        i.   Ordregiver
        ii. Beneficiant

16

iii. Garant
iv. Referencenummer der identificerer den underliggende aftale
v. Referencenummer der identificerer den udstedte anfordringsgaranti
vi. Beløb og valuta
vii. Anfordringsgarantien udløb
viii. Vilkår for hvordan der kan stilles krav under anfordringsgarantien
ix. Hvorvidt et krav skal præsenteres i papirform og /eller elektronisk form
x. Sproget i de dokumenter som er krævet under anfordringsgarantien
xi. Den part der er ansvarlig for betaling af omkostninger

2. Udstedelse af modgaranti
Med basis i begæringen bliver anfordringsgarantien udstedt. Den bliver udstedt som en modgaranti. Denne modgaranti fungerer som sikkerhed overfor en anden part, der bliver bedt om at stille en anfordringsgaranti over for beneficianten. En modgaranti indeholder typisk to dele: Dels den tekst garanten skal benytte i sin garanti overfor beneficianten, og dels mod-garantens anfordringsgaranti over for garanten. Sidstnævnte er typisk en kort tekst hvor mod-garanten forpligter sig til at betale, hvis garanten bekræfter at have modtaget et garantisvarende krav under anfordringsgarantien.
Modgarantien sendes fra mod-garanten til garanten.
En modgaranti kan udstedes på forskellige måder, men udstedes typisk via S.W.I.F.T.[3]

3. Udstedelse af anfordringsgaranti
Med basis i modgarantien udsteder garanten anfordringsgarantien til beneficianten. Anfordringsgarantien forpligter garanten, så denne skal betale, hvis der stilles et garantisvarende krav.
I denne fase foregår der en bevillingsproces, idet garanten ved udstedelse af anfordringsgarantien tager en risiko på mod-garanten. Garanten er forpligtet til at betale, hvis der stilles et garantisvarende krav, også selv om mod-garanten i mellemtiden er gået konkurs.

17

4. Beneficiantens håndtering af anfordringsgarantien
Efter at have modtaget anfordringsgarantien, bør beneficianten læse den grundigt igennem for at sikre sig, at det vil være muligt at opfylde dens krav og betingelser i tilfælde af, at der skal stilles krav under anfordringsgarantien.

Linje 4 - Krav og betaling
Denne linje er kun aktuel, hvis der stilles krav under anfordringsgarantien.

Krav og betaling er forklaret sammen, da det er kravet, der udløser betaling.
Kravet kan enten være i form af fysiske dokumenter, men også elektroniske hvis dette tillades i anfordringsgarantien. I nogle tilfælde skal kravet over for garanten (under anfordringsgarantien) stilles i form af fysiske dokumenter, mens garantens krav over for mod-garanten (under modgarantien) gerne må være i elektronisk form. F.eks. kan kravet under anfordringsgarantien bestå af (1) erklæring om ordregivers misligholdelse, (2) kopi af ubetalt faktura og (3) kopi af transportdokument. Kravet under modgarantien derimod kan være en erklæring udstedt af garanten overfor mod-garanten, der angiver, at beneficianten har stillet et garantisvarende krav indeholdende de 3 dokumenter, der er krævet i anfordringsgarantien. Dette krav kan f.eks. stilles via S.W.I.F.T.[3]

I de fleste tilfælde sendes kravet fra beneficianten direkte til garanten.
Garanten vil derefter kontrollere, om det er et garantisvarende krav. Hvis dette er tilfældet, betaler garanten beneficianten. Samtidig stiller garanten krav under mod-garantien udstedt af mod-garanten, der betaler garanten hvis kravet er garantisvarende.

Hvis kravet *ikke* er garantisvarende, er garanten ikke forpligtet til at betale. Hvis dette er tilfældet, kan garanten kontakte mod-garanten, og spørge om de er indstillet på at betale, på trods af de fundne uoverensstemmelser[5]. Når der stilles krav under en anfordringsgaranti, er det en indikation om, at der er et problem parterne imellem. Derfor vil ordregiver – og dermed mod-garanten – sjældent betale, hvis kravet ikke er garantisvarende.

3.5 Hvordan virker en standby remburs?
En standby remburs virker på samme måde som en kommerciel remburs.
Figur 3 herunder (side 19) viser standby rembursens 4 linjer.

Figur 3. Standby remburs

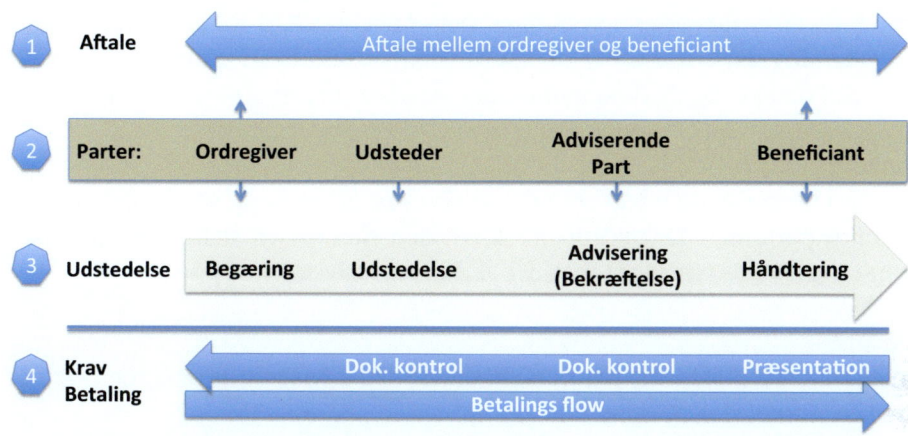

Linje 1 - Aftale mellem ordregiver og beneficiant
Denne linje illustrerer den kommercielle aftale. Denne aftale er formelt ikke en del af standby rembursen, men er det fundament, den er baseret på.
Den kommercielle aftale er vigtig i denne sammenhæng, fordi det er på dette tidspunkt, ordregiver og beneficiant bør aftale standby rembursens indhold.

Linje 2 - Parter
Denne linje illustrerer parterne i transaktionen. Læs mere om parterne i kapitel 4 "Hvem er parterne i anfordringsgarantier og standby remburser?"

Linje 3 – Udstedelse
Denne linje illustrerer standby rembursens udstedelse. Der er 4 faser i udstedelsen:

1. Begæring
   Standby rembursen initieres af ordregiver, der sender en begæring til udsteder (typisk en bank). Begæringen har to grundlæggende formål:
   a. Den udgør aftalen mellem ordregiver og udsteder.
      I denne fase foregår der en bevillingsproces, idet udsteder ved udstedelse af standby rembursen tager en risiko på ordregiver. Udsteder er forpligtet

19

til at betale, hvis der foretages en remburssvarende præsentation, også selv om ordregiver i mellemtiden er gået konkurs.

b. Den giver udsteder oplysninger, der er nødvendige, for at kunne udstede standby rembursen. F.eks. beløb, beskrivelse af hvad standby rembursen skal dække, og de dokumenter der skal præsenteres, hvis der stilles krav.

2. Udstedelse
Med basis i begæringen bliver standby rembursen udstedt, og sendt til den adviserende part, med instruktion om at advisere den til beneficianten. Standby rembursen udstedes typisk via S.W.I.F.T.[3] til den adviserende part.

3. Advisering
Efter modtagelse af standby rembursen sender den adviserende part standby rembursen videre til beneficianten.

Det er i denne fase, at standby rembursen bliver bekræftet, hvis udsteder bemyndiger eller anmoder en part (typisk den adviserende part) om at tillægge standby rembursen sin bekræftelse.

Hvis standby rembursen bliver bekræftet, foregår der er bevillingsproces, idet den bekræftende part tager en risiko på udsteder. Den bekræftende part er forpligtet til at betale, hvis der foretages en remburssvarende præsentation, også selv om udsteder i mellemtiden er gået konkurs.

Se også kapitel 4.2.2.2 "Bekræftende part (Confirmer)."

4. Beneficiantens håndtering af standby rembursen
Efter at have modtaget standby rembursen, bør beneficianten læse den grundigt igennem for at sikre sig, at det vil være muligt at opfylde dens krav og betingelser i tilfælde af, at der skal stilles et krav på et senere tidspunkt.

Linje 4 - Præsentation af dokumenter og betaling
Denne linje er kun aktuel, hvis der foretages en præsentation under standby rembursen.

Præsentation af dokumenter og betaling er forklaret sammen, da det er præsentationen, der udløser betaling.

Præsentationen kan enten være i form af fysiske dokumenter, men også elektroniske hvis dette tillades i standby rembursen.

I de fleste tilfælde præsenterer beneficianten dokumenterne til sin egen bank (den adviserende part), som foretager en dokumentkontrol.

Den adviserende part fremsender derefter dokumenterne til udsteder, der også foretager en dokumentkontrol, og (forudsat dokumenterne opfylder standby rembursens betingelser) trækker beløbet fra ordregiver, og betaler den adviserende part.

Det skal nævnes, at der i praksis findes mange variationer af denne proces, afhængig af hvordan standby rembursen er struktureret, og den rolle og forpligtelse den adviserende part har påtaget sig.

Hvis dokumenterne *ikke* opfylder standby rembursens betingelser, er udsteder ikke forpligtet til at betale, og kan afvise præsentationen[6].

3.6 Hvordan er en garanti defineret?
Anfordringsgarantier og standby remburser er defineret forskelligt.

3.6.1 Anfordringsgaranti
"Anfordringsgaranti (Demand guarantee eller Guarantee) betyder enhver underskreven forpligtelse, uanset hvorledes betegnet eller beskrevet, om betaling efter præsentation af et garantisvarende krav."[7]

I denne definition er begrebet "garantisvarende krav" vigtig:

Garantisvarende krav (Complying demand)[8]er et krav, der opfylder betingelserne for en garantisvarende præsentation (*Complying presentation*)[9]. Garantireglerne sondrer mellem et krav og en præsentation. Et krav er et krav om betaling – mens en præsentation også kan have andre formål, f.eks. at dokumentere at anfordringsgarantien skal nedskrives. Et krav er altid en præsentation, men en præsentation er ikke altid et krav.

Garantisvarende præsentation definerer grundlaget og standarden for dokumentkontrollen. Garantireglerne giver et hierarki i tre niveauer:
1. Anfordringsgarantiens vilkår og betingelser.
   Det primære er de krav og betingelser, der står i anfordringsgarantien. Disse kommer forud for eventuelle krav og betingelser, der står i garantireglerne.

2. Garantireglerne (URDG 758)
   Garantireglerne gælder, forudsat dette er angivet i anfordringsgarantien[10].

3. International standard bankpraksis
   International standard bankpraksis er den praktiske fortolkning af garantireglerne. Dette omfatter blandt andet:

   a. "ICC Opinions"
      ICC gør det muligt for banker og andre, at anmode om fortolkning af artiklerne i garantireglerne (URDG 758). Svarerne kaldes "Opinions," og udgør en væsentlig del af international standard bankpraksis. "Opinions" udgives i bøger og på internetsiden DC-Pro[11].

   b. DOCDEX Decisions
      ICC tilbyder også en service kaldet DOCDEX (en forkortelse af Documentary Instruments Dispute Resolution Expertise). ICC opkræver et gebyr for behandling af sager under DOCDEX systemet. Sagerne afgøres af 3 uafhængige (og anonyme) eksperter. DOCDEX Decisions udgives i bøger og på internetsiden DC-Pro[11].

3.6.2 Standby remburs
En standby remburs:

- Er *uigenkaldelig*. Det vil sige, at udsteders forpligtelser i henhold til standby rembursen ikke kan ændres eller annulleres af udstederen, med mindre det er angivet i standby rembursen, eller det godkendes af den part, der er relevant for ændringen eller annulleringen. Det er typisk beneficianten og/eller den bekræftende part.

- Er *uafhængig*. Det betyder at udsteders forpligtelse, ikke afhænger af dennes ret eller mulighed for at opnå refusion fra ordregiver eller beneficiantens ret til at modtage betaling fra ordregiver.

- Er baseret på *dokumentation*. Det betyder, at udsteders forpligtelser afhænger af præsentation af dokumenter og kontrol af disse dokumenter.

22

- Udgør et *bindende tilsagn*. Det betyder, at standby rembursen (eller en ændring til standby rembursen) er bindende for udsteder, når den udstedes.

3.7 Hvordan kontrolleres krav?

Krav under en garanti bliver kontrolleret for at bestemme, om det opfylder garantiens betingelser. Grundlaget for kontrollen er forskellig afhængig af, om der er tale om en anfordringsgaranti (udstedt i henhold til URDG 758) eller en standby remburs (udstedt i henhold til ISP98).

3.7.1 Anfordringsgaranti

Kontrollen af et krav under en anfordringsgaranti, sker på grundlag af kravet, og om det "efter sit ydre" udgør en garantisvarende præsentation[12]. Det vil sige, at garanten ikke "går bag" de præsenterede dokumenter for at undersøge, om det der står er korrekt.
Dette er en grundig kontrol, hvor dokumenterne læses i henhold til anfordringsgarantien. Data i anfordringsgarantien og dokumenterne bliver sammenlignet, og må ikke være i modstrid[13].

Når en anfordringsgaranti er udstedt i henhold til URDG 758, er det ét dokument, der skal præsenteres, også selvom det ikke er krævet i anfordringsgarantien. Det er en skriftlig erklæring om, at ordregiver har misligholdt sine forpligtelser under den underliggende aftale, samt på hvilken måde ordregiver har misligholdt sine forpligtelser[14].

3.7.2 Standby remburs

Kontrollen af en præsentation under en standby remburs sker på grundlag af præsentationen, og om den "efter sit ydre" opfylder de krav og betingelser, der er beskrevet i standby rembursen suppleret af standby-reglerne og standard standby remburs praksis[15].

Dokumenterne bliver kun indbyrdes kontrolleret, i det omfang det er krævet i standby rembursen[16].

23

Der er som sådan ingen grænser for, hvilke dokumenter en standby remburs kan kræve. Det der er vigtigt, er at standby rembursen foreskriver de dokumenter, der er de rigtige for den specifikke transaktion. Ofte vil standby rembursen kræve en erklæring fra beneficianten, om at ordregiver har misligholdt aftalen suppleret med kopi dokumenter, f.eks. kopi af et fragtbrev der viser, at varen er afsendt samt kopi af den ubetalte faktura.

4 Hvem er parterne i anfordringsgarantier og standby remburser?

Anfordringsgarantier og standby remburser benytter forskellig terminologi om de parter, der optræder i dem.

4.1 Anfordringsgarantier
I anfordringsgarantier optræder følgende parter:

4.1.1 De kommercielle parter

4.1.1.1 Ordregiver (Applicant)
Ordregiver[17] er den part, der ansøger om udstedelse af en anfordringsgaranti. Ordregiver er forpligtet i henhold til den underliggende aftale, som anfordringsgarantien understøtter.

4.1.1.2 Beneficiant (Beneficiary)
Beneficianten[18] er den part i hvis favør, anfordringsgarantien er udstedt. For at modtage betaling under anfordringsgarantien skal beneficianten stille et garantisvarende krav.

4.1.2 Andre parter

4.1.2.1 Garanten (Guarantor)
Garanten[19] er den part, der udsteder en anfordringsgaranti. Garanten er altid forpligtet under anfordringsgarantien.

4.1.2.2 Adviserende part (Advising party)
Adviserende part[20] adviserer anfordringsgarantien (eller en ændring til denne) efter anmodning fra garanten. Advisering betyder, at anfordringsgarantien sendes fra den

adviserende part til beneficianten. Dette kan gøres via brev men også elektronisk. Den adviserende part er ikke forpligtet til at betale under anfordringsgarantien, men skal forsikre sig om, at anfordringsgarantien er ægte, og at adviseringen nøjagtigt afspejler betingelserne i anfordringsgarantien (eller ændringen)[4].

4.1.2.3 Mod-garanten (Counter-guarantor)
Mod-garanten[21] er den part, der udsteder en mod-garanti, enten i favør af garanten eller en anden mod-garant. Læs mere om mod-garantien i kapitel 3.4.2 "Indirekte anfordringsgaranti."

Fra ovenstående kan det lyde som om, der er mange parter involveret i en anfordringsgaranti. Typisk er der én primær part, beneficianten skal forholde sig til – nemlig garanten. Det er denne part et eventuelt krav skal stilles overfor, og det er denne part, der er forpligtet til at betale, hvis kravet er garantisvarende.
I de tilfælde hvor beneficianten modtager anfordringsgarantien fra en adviserende part, er det vigtigt at huske på, at denne part ikke er forpligtet under anfordringsgarantien.

4.2 Standby remburser
I standby remburser optræder følgende parter:

4.2.1 De kommercielle parter

4.2.1.1 Ordregiver (Applicant)
Ordregiver[22] er den part, der ansøger om udstedelse af en standby remburs, eller for hvis regning den er udstedt.

4.2.1.2 Beneficiant (Beneficiary)
Beneficiant[22] er den part, der har ret til at stille krav under standby rembursen.

4.2.2 Andre parter

4.2.2.1 Udsteder (Issuer)

Udsteder[23] er den part, der udsteder standby rembursen. Udsteder forpligter sig overfor beneficianten til at betale, når der præsenteres dokumenter, der opfylder standby rembursens betingelser.

4.2.2.2 Bekræftende part (Confirmer)

Bekræftende part[22] er den part, der tillægger standby rembursen sin bekræftelse på basis af en nominering fra udsteder. Bekræftelse betyder, at en part forpligter sig til at betale under standby rembursen. Denne forpligtelse er udstedt i tillæg til, og er identisk med, udsteders forpligtelse under standby rembursen. Når en standby remburs er bekræftet, er der derfor to banker, der er forpligtet til at betale.

4.2.2.3 Nominerede part (Nominated person)

Nominerede part[24] er den part, der er nomineret af standby rembursen til at advisere, modtage en præsentation, transferere, bekræfte, betale eller acceptere en veksel.

4.2.2.4 Adviserende part (Advisor)

Adviserende part[25] adviserer standby rembursen (eller en ændring til denne). Advisering betyder, at standby rembursen sendes fra den adviserende part til beneficianten. Dette kan gøres via brev, men også elektronisk. Den adviserende part er ikke forpligtet til at betale under standby rembursen, men skal forsikre sig om, at standby rembursen er ægte, og at adviseringen nøjagtigt afspejler betingelserne i standby rembursen (eller ændringen).

4.2.2.5 Præsenterende part (Presenter)

Præsenterende part[22] er den part, der foretager en præsentation for eller på vegne af beneficianten eller den nominerede part.

Fra ovenstående kan det lyde som om, der er mange parter involveret i en standby remburs. Typisk er der – ud over ordregiver og beneficianten – typisk én eller to parter:

27

Udsteder samt en part mere der kan have én eller flere roller og forpligtelser under standby rembursen.

5 Hvordan ser en garanti ud?

5.1 Hvordan ser en anfordringsgaranti ud?

En anfordringsgaranti kan udformes på mange forskellige måder, og har i sagens natur forskelligt indhold, afhængig af den konkrete transaktion. Der er ikke kun forskel på indholdet, der er også forskel på formen. Nogle anfordringsgarantier udstedes som et brev direkte til beneficianten, og andre udstedes via S.W.I.F.T.[3] I disse tilfælde benyttes typisk meddelelsestype MT760.

Figur 4 herunder er et *eksempel* på en anfordringsgaranti, der er udstedt som MT760.

Hvert felt i anfordringsgarantien er kommenteret.

Figur 4. Anfordringsgaranti udstedt som MT760

```
1  SWIFT-MT : 760 NORMAL DM2
   ISSUE OF GUARANTEE / STANDBY LETTER OF CREDIT
2  GUARANTOR:
   DEN-BANK A/S
   GARANTISTRAEDE 98
   DK-2010 URDG, DENMARK
3  SENT TO:
   EXBANK
   GUANGDONG BRANCH
   510180 GUANGZHOU, CHINA
4  :20: TRANSACTION REFERENCE NUMBER
   889-GUA-3014117
5  :23: FURTHER IDENTIFICATION
   ISSUE
6  :30: DATE
   121101
7  :40C: APPLICABLE RULES
   URDG LATEST VERSION
8  :77C: DETAILS OF GUARANTEE
   TYPE OF GUARANTEE: PAYMENT GUARANTEE
   DATE OF ISSUE: 121101
   GUARANTEE NUMBER: 889-GUA-3014117
   GUARANTOR: DEN-BANK A/S, DENMARK
   APPLICANT: DKSTEEL, JERNGADE 39, 9999 STAALING, DENMARK
   BENEFICIARY: CHINEX, SOUTH, GUANGZHOU, CHINA
```

29

```
THE UNDERLYING RELATIONSHIP: THE APPLICANTS OBLIGATION IN
RESPECT OF CONTRACT NUMBER 02RQB295 DATED 01. NOVEMBER 2012
COVERING THE SALE OF 5000 MT STEEL TUBES.
GUARANTEE CURRENCY AND AMOUNT: USD150000.00
DOCUMENTS REQUIRED:
+ A SIGNED STATEMENT ISSUED BY THE BENEFICIARY INDICATING
THAT DKSTEEL IS IN BREACH OF ITS OBLIGATIONS UNDER CONTRACT
NUMBER 02RQB295 DATED 01. NOVEMBER 2012, I.E. THAT THE
APLICANT HAS NOT PAID FOR THE GOODS DELIVERED ON OR BEFORE
THE DUE DATE.
+ ONE COPY OF THE TRANSPORT DOCUMENT INDICATING THAT THE
GOODS HAS BEEN DISPATCHED TO THE APPLICANT.
+ ONE COPY OF THE INVOICE. THE INVOICE MUST INDICATE THE DUE
DATE FOR PAYMENT
.
FORM OF PRESENTATION: ANY DEMAND MUST BE RECEIVED BY US AS
PAPER DOCUMENTS.
PLACE FOR PRESENTATION: DEN-BANK A/S
EXPIRY DATE: 131101
CHARGES: THE APPLICANT IS LIABLE FOR THE PAYMENT OF ANY
CHARGES.
.
AS GUARANTOR, WE HEREBY IRREVOCABLY UNDERTAKE TO PAY THE
BENEFICIARY ANY AMOUNT UP TO THE GUARANTEE AMOUNT UPON
PRESENTATION OF THE BENEFICIARYS COMPLYING DEMAND, IN THE
FORM OF PRESENTATION INDICATED ABOVE, SUPPORTED BY THE
DOCUMENTS LISTED ABOVE
:72: SENDER TO RECEIVER INFORMATION
PLEASE ADVISE THIS GUARANTEE TO THE BENEFICIARY WITHOUT ANY
OBLIGATION ON YOUR PART.
```

1: Angiver S.W.I.F.T. meddelelsestype.
I dette tilfælde er det en "MT760," der er en garanti eller en standby remburs (i dette tilfælde en anfordringsgaranti). I MT7xx serien er der en række meddelelsestyper, der dækker forskellige formål i forbindelse med remburser og garantier.

2: Garant
"Garanten (Guarantor)." Se kapitel 4.1.2.1

3: Adviserende part
"Adviserende part (Advising party)." Se kapitel 4.1.2.2

30

4: Garantinummer (felt 20)
Dette felt angiver anfordringsgarantiens nummer. Dette er et unikt nummer, der følger anfordringsgarantien, og alle meddelelser i forbindelse med denne fra udstedelse til udløb.

5: Garantiudstedelsestype (felt 23)
Dette felt angiver om anfordringsgarantien er en direkte garanti (ISSUE) (se kapitel 3.4.1 "Direkte anfordringsgaranti"), eller en indirekte anfordringsgaranti (REQUEST) (se kapitel 3.4.2 "Indirekte anfordringsgaranti").

6: Udstedelsesdato (felt 30)
Dette felt angiver, den dato anfordringsgarantien er udstedt. Formatet er ÅÅMMDD, så 121101 er 1. november 2012.

7: Gældende regler (felt 40C)
Dette felt angiver, hvilke regler der er gældende for anfordringsgarantien. "URDG LATEST VERSION" er en S.W.I.F.T. kode, der angiver, at anfordringsgarantien er underlagt den version af URDG (Uniform Rules for Demand Guarantees), der er i kraft på udstedelsesdatoen. I dette tilfælde URDG 758.

8: Anfordringsgarantiens oplysninger (felt 77C)
Felt 77C i en MT760 indeholder typiske selve anfordringsgarantiens tekst. I dette tilfælde indeholder feltet følgende:

- *Anfordringsgarantitype.* I dette tilfælde er det en betalingsgaranti. Læs mere i kapitel 7 "Garantityper."
- *Udstedelsesdato.*
- *Anfordringsgarantiens ordregiver.* Læs mere i kapitel 4.1.1.1 "Ordregiver (Applicant)."
- *Anfordringsgarantiens beneficiant.* Læs mere i kapitel 4.1.1.2 "Beneficiant (Beneficiary)."
- *Den underliggende aftale.* Dette er en henvisning til den aftale, som anfordringsgarantien er baseret på. I dette tilfælde er dette kontrakt nummeret og en beskrivelse af varerne.

- *Anfordringsgarantiens valuta og beløb.* Det er det beløb, der kan stilles krav for.
- De *dokumenter* beneficianten skal præsentere for at stille krav under anfordringsgarantien. I dette tilfælde er det en erklæring udstedt af beneficianten samt kopi af faktura og transportdokument.
  Appendiks 1-3 viser de dokumenter, der er præsenteret i dette eksempel.
- *Præsentationens form.* Skal præsentationen foretages som papir dokumenter eller i elektronisk form? I dette tilfælde skal der præsenteres papir dokumenter.
- *Sted for præsentation.* Det er det sted, hvor beneficianten skal præsentere kravet. I dette tilfælde skal kravet stilles til garanten. Dette er også det sted hvor garantien udløber.
- *Udløbsdato.* Det er den dato hvor et eventuelt krav senest skal stilles.
  Udløb kan også angives som en begivenhed. I så tilfælde skal garanten kunne konstatere udløb, enten ved at der præsenteres et dokument til garanten eller ved hjælp af dennes egne optegnelser. F.eks. ved at et beløb indgår på en konto, der føres hos garanten[26].
- *Omkostninger.* Hvordan de omkostninger, der opstår i forbindelse med garantien, skal fordeles. I dette tilfælde skal alle omkostninger betales af ordregiver.
- *Garantens forpligtelse.* En understregning af udsteders forpligtelse under anfordringsgarantien.

9: Instruktion til modtager (felt 78)
Dette felt indeholder en besked til modtager. I dette tilfælde til den adviserende part, der bliver bedt om at advisere garantien til beneficianten, uden at den adviserende part forpligter sig under garantien.

5.2 Hvordan ser en standby remburs ud?
En standby remburs kan udformes på mange forskellige måder, og har i sagens natur forskelligt indhold, afhængig af den konkrete transaktion. Mange standby remburser bliver udstedt via S.W.I.F.T.[3] Her er der typisk to meddelelsestyper, der benyttes – enten MT760 eller MT700.
Figur 5 herunder er et *eksempel* på en standby remburs, der er udstedt som MT700.

Hvert felt i standby rembursen er kommenteret.

Figur 5. Standby remburs udstedt som MT700

```
1   SWIFT-MT : 700 NORMAL DM2
    ISSUE OF DOCUMENTARY CREDIT
2   ISSUING BANK:
    DEN-BANK A/S
    GARANTISTRAEDE 98
    DK-2010 URDG, DENMARK
3   SENT TO:
    EXBANK
    GUANGDONG BRANCH
    510180 GUANGZHOU, CHINA
4   :40A: FORM OF DOCUMENTARY CREDIT
    IRREVOCABLE STANDBY
5   :20: DOCUMENTARY CREDIT NUMBER
    889-GUA-3014117
6   :31C: DATE OF ISSUE
    121101
7   :40: APPLICABLE RULES
    ISP LATEST VERSION
8   :31D: DATE AND PLACE OF EXPIRY
    131101IN CHINA
9   :50: APPLICANT
    DKSTEEL
    JERNGADE 39
    9999 STAALING
    DENMARK
10  :59: BENEFICIARY
    CHINEX
    SOUTH
    GUANGZHOU
    CHINA
11  :32B: CURRENCY CODE, AMOUNT
    USD150000.00
12  :41D: AVAILABLE WITH
    EXBANK, GUANGDONG BRANCH, 510180 GUANGZHOU, CHINA
    BY PAYMENT
13  :45A: DESCRIPTION OF GOODS
    + 5000 MT STEEL TUBES AS PER CONTRACT NUMBER 02RQB295 DATED
    01. NOVEMBER
14  :46A: DOCUMENTS REQUIRED
    + A SIGNED STATEMENT ISSUED BY THE BENEFICIARY INDICATING
    THAT DKSTEEL IS IN BREACH OF ITS OBLIGATIONS UNDER CONTRACT
    NUMBER 02RQB295 DATED 01. NOVEMBER 2012, I.E. THAT THE
    APLICANT HAS NOT PAID FOR THE GOODS DELIVERED ON OR BEFORE
    THE DUE DATE.
```

```
+ ONE COPY OF THE TRANSPORT DOCUMENT INDICATING THAT THE
GOODS HAS BEEN DISPATCHED TO THE APPLICANT.
+ ONE COPY OF THE INVOICE. THE INVOICE MUST INDICATE THE DUE
DATE FOR PAYMENT
:47A: ADDITIONAL CONDITION
WE HEREBY IRREVOCABLY UNDERTAKE TO PAY THE BENEFICIARY ANY
AMOUNT UP TO THE GUARANTEE AMOUNT UPON PRESENTATION OF THE
BENEFICIARYS COMPLYING DEMAND, IN THE FORM OF PRESENTATION
INDICATED ABOVE, SUPPORTED BY THE DOCUMENTS LISTED ABOVE
:71B: CHARGES
ALL COMMISSION AND CHARGES
ARE FOR APPLICANTS ACCOUNT
:49: CONFIRMATION INSTRUCTION
WITHOUT
:78: INSTRUCTIONS TO THE PAYING/ACCEPTING/NEGOTIATING BANK
PLEASE ADVISE THIS STANDBY LC TO THE BENEFICIARY WITHOUT
ADDING YOUR CONFIRMATION.
ON RECEIPT OF YOUR ADVICE THAT YOU HAVE RECEIVED A COMPLYING
PRESENTATION WE SHALL COVER AS PER INSTRUCTIONS RECEIVED
```

1: Angiver S.W.I.F.T. meddelelsestype.
I dette tilfælde er det en "MT700," der er en remburs. I MT7xx serien er der en række meddelelsestyper, der dækker forskellige formål i forbindelse med remburser (herunder standby remburser) og garantier.

2: Udsteder
"Udsteder (Issuer)". Se kapitel 4.2.2.1

3: Adviserende part
"Adviserende part (Advisor)". Se kapitel 4.2.2.4

4: Rembursens form (felt 40A)
Dette felt angiver, at det er en uigenkaldelig standby remburs.

34

5: Rembursnummer (felt 20)
Dette felt angiver standby rembursens nummer. Dette er et unikt nummer, der følger standby rembursen, og alle meddelelser i forbindelse med standby rembursen, fra udstedelse til udløb.

6: Udstedelsesdato (felt 31C)
Dette felt angiver, den dato standby rembursen er udstedt. Formatet er ÅÅMMDD, så 121101 er 1. november 2012.

7: Gældende regler (felt 40)
Dette felt angiver, hvilke regler der er gældende for standby rembursen.
"ISP LATEST VERSION" er en S.W.I.F.T. kode, der angiver, at standby rembursen er underlagt den version af ISP (International Standby Practices), der er i kraft på udstedelsesdatoen. I dette tilfælde ISP98.

8: Dato og sted for udløb (felt 31D)
Dette felt angiver, hvor og hvornår standby rembursen udløber. Formatet er ÅÅMMDD, så 131101 er 1. november 2013. Det vil sige, at denne standby remburs udløber 1. november 2013 i Kina. Krav under denne standby remburs skal senest ske på denne dato.
Standby rembursen kan også tillade udstederen at afslutte standby rembursen med rimelig varsel eller udbetaling[27].

9: Ordregiver (felt 50)
Dette felt angiver, hvem der er standby rembursens ordregiver. Læs mere i kapitel 4.2.1.1 "Ordregiver (Applicant)."

10: Beneficiant (felt 59)
Dette felt angiver, hvem der er standby rembursens beneficiant. Læs mere i kapitel 4.2.1.2 "Beneficiant (Beneficiary)."

11: Valuta og beløb (felt 32B)
Dette felt angiver valuta og beløb. Det er det beløb, der kan stilles krav for.

12: Hvor/hvordan rembursen er gyldig (felt 41D)
Dette felt viser den bank, som standby rembursen er gyldig hos.

I dette eksempel er standby rembursen gyldig hos Exbank i Kina for betaling. Et eventuelt krav skal altså præsenteres til denne bank senest 1. november 2013. Beneficianten kan også vælge at stille krav direkte til udsteder.

13: Varebeskrivelse (felt 45A)
Dette felt angiver en beskrivelse af de varer, som standby rembursen omfatter.
En standby remburs kan omfatte andet end varer. I så tilfælde er dette felt ikke udfyldt.

14: Krævede dokumenter (felt 46A)
Dette felt indeholder en liste med de dokumenter, der er krævet i standby rembursen. Det er de dokumenter, beneficianten skal præsentere for at stille krav under standby rembursen.
Appendiks 1-3 viser de dokumenter, der er præsenteret under standby rembursen i dette eksempel.

15: Yderligere betingelser (felt 47A)
Dette felt angiver yderligere betingelser til standby rembursen. I dette tilfælde indeholder feltet en understregning af udsteders forpligtelse under standby rembursen.

16: Omkostninger (felt 71B)
Dette felt angiver hvordan de omkostninger, der opstår i forbindelse med standby rembursen, skal fordeles. I dette tilfælde skal alle omkostninger betales af ordregiver.

17: Instruktion om bekræftelse (felt 49)
Dette felt angiver, om standby rembursen skal bekræftes. Læs mere i kapitel 4.2.2.2 "Bekræftende part (Confirmer)."

18: Instruktion til banken (felt 78)
Dette felt indeholder en besked til den adviserende part. I dette tilfælde en besked om advisering af standby rembursen og betaling.

6 Hvilke Risici er der ved at benytte garanti?

En garanti er et stærkt og fleksibelt instrument, men der er forskellige risici forbundet med brugen. Det er hovedsageligt risici, der kan fjernes eller begrænses ved korrekt brug. Herunder er nævnt nogle af de mest oplagte risici for henholdsvis ordregiver og beneficiant.

6.1 Risici for ordregiver

Det er ordregiver, der foranlediger garantien udstedt. Som beskrevet er udstedelsen baseret på en garantibegæring til garant/udsteder. Denne forpligter ordregiver til at betale garant/udsteder, hvis denne modtager et krav, der opfylder garantiens betingelser. Der er derfor den risiko, at der modtages et krav, der opfylder garantiens betingelser, men er uberettiget. Det er vigtigt at huske på, at de garantier der beskrives i denne bog (henholdsvis anfordringsgarantier og standby remburser) er betalbar "på anfordring" – altså når beneficianten "anfordrer" beløbet betalt. Det er imidlertid også vigtigt at huske på, at begge typer garantier er baseret på dokumenter. Dette betyder at ordregiver – i sin garantibegæring – kan angive forskellige dokumenter, der skal understøtte kravet. F.eks. kopi af en ubetalt faktura og en kopi af transportdokumentet.

Nogle gange bliver ordregiver mødt med et "forlæng eller betal" (extend or pay) krav. Det vil sige, at beneficianten stiller et krav under garantien, men tilbyder, at garantien kan forlænges som et alternativ til at betale. Dette er reguleret af både URDG 758[28] og ISP98[29]. Under begge regelsæt skal kravet opfylde garantiens betingelser. I modsat fald kan det afvises.

6.2 Risici for beneficiant

En garanti er ikke bedre end den part (eller parter), der er forpligtet til at betale. Den primære risiko for beneficianten er, at den part der er forpligtet under garantien, går konkurs. Det er heldigvis sjældent, at det sker.

En anden risiko for beneficianten er, at det ikke er muligt at stille et krav, der opfylder garantiens betingelser. Det kan være, at garantien indeholder krav til dokumenterne, som ikke kan opfyldes. Det er derfor vigtigt, at beneficianten grundigt gennemgår garantiens krav og betingelser når den modtages, for at forsikre sig om, at det vil være muligt at opfylde betingelserne, i det tilfælde der skal stilles krav.

Hvis der er tale om en anfordringsgaranti i henhold til URDG 758, er der to forhold, beneficianten skal være særlig opmærksom på.

For det første artikel 15 (a) der – uanset om det er angivet i anfordringsgarantien – kræver, at der skal præsenteres en erklæring. Dette er en skriftlig erklæring, om at ordregiver har misligholdt sine forpligtelser under den underliggende aftale, samt på hvilken måde ordregiver har misligholdt sine forpligtelser.

For det andet artikel 19 (b) der beskriver kontrollen af kravet/præsentationen. Her fremgår det, at data i anfordringsgarantien og dokumenterne bliver sammenlignet, og ikke må være i modstrid. Det er vigtigt at huske på, at det ikke er hensigten, at der skal stilles krav – og derfor er de dokumenter, som anfordringsgarantien kræver ofte ikke udstedt med henblik på, at skulle præsenteres under anfordringsgarantien. Der er derfor en risiko for, at der er data, der er i modstrid dokumenterne og/eller anfordringsgarantien imellem.

7 Garantityper

Selv om en garanti er uafhængig af den kommercielle transaktion, er dens formål at understøtte netop denne – specifikt ved at sikre mod misligholdelse af den kommercielle transaktion. Det er garantiens tekst, der angiver, hvad den dækker, men af praktiske hensyn er garantier opdelt i forskellige typer, der angiver formålet med garantien. Herunder er nogle af de mest almindelige.

7.1 Betalingsgaranti ("Payment")

Formålet med en betalingsgaranti er at sikre sælger, hvis køber ikke overholder sine betalingsforpligtelser. Det vi sige at sælger, hvis køber ikke betaler til aftalt tid, kan stille krav under garantien, og derigennem modtage betaling for de afsendte varer.
En betalingsgaranti kan stilles for en enkelt transaktion, men kan også stilles som en "ramme." Det vil sige dækkende en løbende samhandel mellem to parter.

En betalingsgaranti stilles på vegne af køber overfor sælger.

7.2 Tilbudsgaranti ("Bid" eller "Tender")

I en licitation er det nogle gange en betingelse, at der sammen med tilbuddet skal stilles en garanti. Formålet med garantien er at sikre køber en erstatning, hvis sælger misligholder sine forpligtelser som tilbudsgiver.

Baggrunden for en tilbudsgaranti er, at køber kan blive påført ekstraudgifter, hvis tilbudsgiver springer fra, inden kontrakten er indgået. Det er ikke givet, at den part der blev nummer to i licitationen, stadig er interesseret i ordren.

En tilbudsgaranti stilles på vegne af sælger overfor køber.

Når kontrakten er underskrevet, bliver tilbudsgarantien ofte erstattet af en arbejds- eller leveringsgaranti.

7.3 Forskudsgaranti ("Advance Payment")

En forskudsgaranti dækker den situation hvor én part (ofte køber) har indbetalt et forskud, og modparten (ofte sælger) ikke opfylder sin del af aftalen, f.eks. ikke afsender de aftale varer. I dette tilfælde kan køber trække det indbetalte forskud retur under garantien. Forudsat garantien er etableret på hele forudbetalingen.

En forskudsgaranti stilles på vegne af sælger overfor køber.

7.4 Arbejds-/ leveringsgaranti ("Performance")

Formålet med en arbejdsgaranti er at sikre, at bygherren kan få dækket sine udgifter, hvis byggefirmaet ikke udfører arbejdet som aftalt. I sådanne tilfælde kan bygherren benytte garantisummen til at betale et andet firma for at færdiggøre arbejdet.

En arbejdsgaranti stilles (f.eks.) på vegne af et byggefirma overfor en bygherre.

Formålet med en leveringsgaranti er at sikre køber i den situation, hvor de aftalte varer ikke bliver leveret eller ikke bliver leveret til tiden eller i den aftalte mængde eller kvalitet. I de tilfælde kan køber stille krav under garantien. Herved kan køber få dækket de omkostninger, der måtte være i forbindelse med at udbedre varen – eller købe erstatningsvarer.
En leveringsgaranti er typisk på 10-20 procent af varens værdi, da køber ikke har betalt for varerne.

En leveringsgaranti stilles på vegne af sælger overfor køber.

7.5 Tilbageholdelsesgaranti ("Retention")

En tilbageholdelsesgaranti dækker den garantiforpligtelse, et firma har i henhold til kontrakten, efter varen er leveret, eller projektet er afsluttet.

En tilbageholdelsesgaranti stilles (f.eks.) på vegne af sælger overfor køber.

7.6 Produktionsgaranti ("Warranty")

En produktionsgaranti dækker den garantiforpligtelse, en leverandør eller entreprenør har i henhold til kontrakten, efter varen er leveret, eller projektet er afsluttet.

En produktionsgaranti stilles (f.eks.) på vegne af leverandør eller entreprenør overfor køber.

7.7 Konnossementsgaranti ("Bill of Lading")

En konnossementsgaranti benyttes i de tilfælde, hvor konnossementet (Bill of Lading) er forsinket eller tabt i posten, og køber ikke kan få varerne udleveret, da udlevering kræver præsentation af det originale konnossement.

En konnossementsgaranti stilles på vegne af køber overfor rederiet eller fragtføreren.

En konnossementsgaranti dækker rederiet eller fragtføreren, i det tilfælde de har udleveret varen til én part, og der efterfølgende kommer en anden part med et behørigt endosseret konnossement, og kræver varerne udleveret. Det kan være svært at vurdere risikoen for rederiet eller fragtføreren ved at udlevere varerne uden konnossement – både med hensyn til tid (garantiens udløb) og med hensyn til beløb. I værste fald skal rederiet eller fragtføreren dække det beløb, som den "korrekte" modtager kan bevise at have tabt. Derfor udstedes nogle konnossementsgarantier uden beløb og udløb. Det er dog kutyme, at der sættes begrænsninger for hvad garant/udsteder kan holdes ansvarlig for – f.eks. 200% af fakturabeløbet i 3 år.

8 Regler og praksis

8.1 URDG 758

Garantireglerne (ICC Uniform Rules for Demand Guarantees), udgives af Det Internationale Handelskammer i Paris (ICC – International Chamber of Commerce). URDG udkom første gang i 1992 (URDG 458). Den nuværende udgave (URDG 758) er fra 2010.

Den engelske udgave af URDG 758 kan købes ved henvendelse til ICC Danmark, Børsen, 1217 København K.
URDG 758 er ikke oversat til dansk.

8.2 ISP98

Standby reglerne (International Standby Practices), er skabt af Institute of International Banking Law & Practice og endosseret af Det Internationale Handelskammer i Paris (ICC – International Chamber of Commerce).
ISP98 er – som titlen antyder – fra 1998.

Den engelske udgave af ISP98 kan købes ved henvendelse til ICC Danmark, Børsen, 1217 København K.
ISP98 er ikke oversat til dansk.

8.3 UCP 600

Rembursreglerne (ICC Uniform Customs and Practice for Documentary Credits), udgives af Det Internationale Handelskammer i Paris (ICC – International Chamber of Commerce). De er opdateret flere gange siden første udgave udkom i 1933. Den nuværende udgave (UCP 600) er fra 2007.
Rembursreglerne er skrevet medblik på at understøtte en kommerciel remburs, men kan også benyttes til standby remburser[30].

Den engelske udgave af UCP 600 kan købes ved henvendelse til ICC Danmark, Børsen, 1217 København K.
Den danske udgave er udgivet af Finansrådet, Amaliegade 7, 1256 København K.

Appendiks 1: Eksempel på en erklæring

CHINex

Letter to:
DEN-BANK A/S
GARANTISTRAEDE 98
DK-2010 URDG, DENMARK

Date: 1 March 2013

STATEMENT

Regarding your undertaking dated 1 November 2012 number 889-GUA-3014117
Applicant: DKSTEEL, JERNGADE 39, 9999 STAALING, DENMARK

WE HEREBY STATE THAT DKSTEEL IS IN BREACH OF ITS OBLIGATIONS
UNDER CONTRACT NUMBER 02RQB295 DATED 01. NOVEMBER 2012, I.E.
THAT THEY HAVE NOT PAID FOR THE GOODS DELIVERED ON OR BEFORE
THE DUE DATE BEING 15 FEBRUARY 2013.

WE ENCLOSE A COPY OF THE UNPAID INVOICE (NUMBER 50079 DATED 1
FEBRUARY 2013 FOR USD150.000) AS WELL AS BILL OF LADING NUMBER
990099/600W.

John J.

Chinex

CHINEX
PANYU, 99 HUNAGPU DADAO
SOUTH, GUANGZHOU
CHINA

Appendiks 2: Eksempel på en faktura

CHINex

CHINEX
PANYU, 99 HUNAGPU DADAO
SOUTH, GUANGZHOU
CHINA

Date: 1 February 2013

Original Invoice no. 50079

Invoice to:
DKsteel
Jerngade 39
DK - 9999 Staling

Description of Goods	Amount
5000 MT STEEL TUBES As per contract number 02RQB295	USD 150.000
Latest payment: 15 February 2012	

John J.

Chinex

CHINEX
PANYU, 99 HUNAGPU DADAO
SOUTH, GUANGZHOU
CHINA

Appendiks 3: Eksempel på et transportdokument

Bill of Lading for Multimodal Transport or Port to Port shipment

Shipper CHINEX PANYU, 99 HUNAGPU DADAO SOUTH, GUANGZHOU CHINA		Bill of lading No.: B/L no. 990099/600W
Consignee TO ORDER OF DKSTEEL JERNGADE 39 9999 STAALING DENMARK		**The Great Shipping Line** **Postbox 555, DK 6700 Esbjerg** (Carrier)
Notify Party DKSTEEL JERNGADE 39 9999 STAALING DENMARK		

Precarriage	Place of Receipt	RECEIVED in apparent external good order and condition except as otherwise noted the total number of containers or other packages or units enumerated below for transportation from the place of receipt to the place of delivery subject to the terms detailed on the reverse side of this Bill of Lading. One of the signed bills of lading must be surrendered duly endorsed in exchange for the goods or delivery order. On presentation of this document (duly endorsed) to the Carrier by or on behalf of the holder, the rights and liabilities arising in accordance with the terms hereof shall (without prejudice to any rule of common law or statute rendering them binding on the Merchant) become binding in all respects between the Carrier and the holder as though the contract evidenced hereby had been made between them. IN WITNESS whereof the staled number of original bills of lading all of this tenor and date have been signed, one of which being accomplished, the others to be void.
Port of Loading GUANGZHOU	Vessel & Voyage MS CREDIT V.758W	
Port of Discharge COPENHAGEN	Final Destination	

Marks & Numbers	Particulars as declared by Shipper Description of Goods, Numbers and kind of package	Gross Weight	Measurement
	Said to Contain: STEEL TUBES	5000 MT	
Shipped on board MS Credit V. 758W From GUANGZHOU 2. January 2013			

Freight & Charges:

FREIGHT COLLECT

Number of Originals	Place and Date of Issue	IN WITNESS whereof the number of original Bills of Lading stated opposite have been issued one of which being accomplished, the others to be void.
3 (THREE)	Guangzhou, China 2. January 2013	**Global Forwarders** As agent for the carrier *Paul Smith*

Fodnoter

[1] Læs mere om den kommercielle remburs i bogen "Remburs – en introduktion" (ISBN: 978-87-7114-507-6)
[2] URDG 758 artikel 8
[3] S.W.I.F.T. er en forkortelse for "Society for Worldwide Interbank Financial Telecommunication." S.W.I.F.T. er et internationalt telenetværk – der formidler telekommunikation imellem deres medlemmer. Hovedparten af medlemmerne er banker, og det primære flow af meddelelser mellem banker forgår via S.W.I.F.T.
[4] URDG 758 artikel 10(a)
[5] URDG 758 artikel 24(a)
[6] ISP98 regel 5.01
[7] Oversat af forfatteren efter den engelske definition i URDG 758 artikel 2 ¶13.
[8] URDG 758 artikel 2 ¶8
[9] URDG 758 artikel 2 ¶9
[10] URDG 758 artikel 1(a)
[11] DC-PRO er et online bibliotek med trade finance (herunder garanti og standby remburs) information. Tjenesten benyttes af banker og virksomheder i over 100 lande. Internet adresse: http://focus.dcprofessional.com
[12] URDG 758 artikel 19(a)
[13] URDG 758 artikel 19(b)
[14] URDG 758 artikel 15 (a) og (b)
[15] ISP98 regel 4.01
[16] ISP98 regel 4.03
[17] URDG 758 artikel 2 ¶2
[18] URDG 758 artikel 2 ¶5
[19] URDG 758 artikel 2 ¶19
[20] URDG 758 artikel 2 ¶1
[21] URDG 758 artikel 2 ¶11
[22] ISP98 regel 1.09
[23] ISP98 regel 2.01
[24] ISP98 regel 2.04
[25] ISP98 regel 2.05
[26] URDG 758 artikel 2 ¶17
[27] ISP98 regel 9.01
[28] URDG 758 artikel 23
[29] ISP98 regel 3.09
[30] UCP 600 artikel 1